CENTENAIRE DU PREMIER PONT SUSPENDU

ET

PREMIÈRE « GRANDE FÊTE DU RHONE »

SOUVENIRS

DE LA VIE PRIVÉE

DE

MARC SEGUIN

1786-1875

PAR

René de PRANDIÈRES

SON GENDRE

INGÉNIEUR DES ARTS ET MANUFACTURES

LICENCIÉ EN DROIT

DISCOURS ET TOAST

PRONONCÉS A TOURNON ET A TAIN LE 4 JUILLET 1926

LYON

IMPRIMERIE A. REY   LIBRAIRIE MASSON

4, RUE GENTIL   81, RUE DE L'HOTEL-DE-VILLE

1926

SOUVENIRS DE LA VIE PRIVÉE

DE

MARC SEGUIN

MARC SEGUIN

(1786-1875)

Membre correspondant de l'Institut

(Portrait par Hippolyte FLANDRIN.)

CENTENAIRE DU PREMIER PONT SUSPENDU

ET

PREMIÈRE « GRANDE FÊTE DU RHONE »

SOUVENIRS

DE LA VIE PRIVÉE

DE

MARC SEGUIN

1786-1875

PAR

RENÉ DE PRANDIÈRES

SON GENDRE

INGÉNIEUR DES ARTS ET MANUFACTURES

LICENCIÉ EN DROIT

DISCOURS ET TOAST

PRONONCÉS A TOURNON ET A TAIN LE 4 JUILLET 1926

LYON

SOCIÉTÉ ANONYME DE L'IMPRIMERIE A. REY

4, RUE GENTIL, 4

1926

SOUVENIRS DE LA VIE PRIVÉE

DE

MARC SEGUIN

APPEL DU COMITÉ MARC SEGUIN

A TOURNON (Ardèche)

(Mai 1920)

Les villes sœurs de Tournon (Ardèche) et de Tain (Drôme), ayant eu l'honneur d'être les premières à bénéficier d'une invention qui devait apporter tant de facilités dans les communications, ont décidé de commémorer le centenaire de ce premier « Pont suspendu », l'ancêtre toujours debout de tous les autres, et de rendre à l'illustre Ardéchois MARC SEGUIN *un nouvel et solennel hommage.*

C'est pourquoi, elles patronnent un Comité qui organise, pour le 4 juillet prochain, une fête au cours de laquelle seront posés, sur un double monument formant l'entrée du pont, deux grands bas-reliefs en bronze, œuvre des sculpteurs Léopold et Marcel Renard, destinés à perpétuer la mémoire de l'inventeur et à fixer sur son œuvre le relief du visage éternel de notre beau fleuve, qui, parti des neiges, s'en va majestueusement vers le pays du soleil.

*
* *

Mais le désir du Comité dépasse le cadre d'une fête locale.

Il voudrait que ce soit en même temps une fête du Tourisme, des Arts et des Sports touristiques, une fête de la Vallée du Rhône, et qui sous le nom de :

« GRANDE FÊTE DU RHÔNE »

se répéterait chaque année dans l'une des grandes villes de la Vallée, de Genève jusqu'à Marseille.

Cette idée a séduit de nombreuses personnes et paraît définitivement admise.

Le Centenaire du « Premier Pont suspendu » sera donc l'occasion de faire naître cette Grande Fête du Rhône, que d'autres villes pourront organiser à leur tour, et où viendront en foule les touristes et tous les admirateurs de notre magnifique pays.

Le Comité demande à toutes les bonnes volontés de l'aider aussi largement que possible dans cette œuvre généreuse.

COMITÉ DIRECTEUR

Le Syndicat d'Initiative et les Munipalités de
Tournon et de Tain-l'Hermitage.

MM. Gustave TOURSIER, *COMMISSAIRE GÉNÉRAL*
Léonce Gazet, banquier, *trésorier*.
Le Dr Cadet, conseiller général, *président*.
Montgolfier, notaire, conseiller général, *secré-
taire général*.
Le Dr Tournaire, *vice-président*.
Montagnon, architecte, *vice-président*.
A. Bozzini, industriel, *secrétaire du S. I.*

Les Amis des Arts, Tournon-Tain.

MM. Beaume.
A. Roux.
M. Montgolfier.
Marcel Béchetoille, Annonay.
César Filhol, Annonay.
Jean Frachon, Annonay.
Joseph Seguin, Paris.

EXTRAIT DU JOURNAL *L'ÉCHO DE PARIS*

(Numéro du Mardi 6 Juillet 1926)

TOURNON

CÉLÈBRE LE CENTENAIRE DU PREMIER PONT SUSPENDU

Marc Seguin l'avait construit.

Lyon, 4 juillet. — Les fêtes organisées à Tain et à Tournon, pour célébrer le centenaire du premier pont suspendu construit sur le Rhône, entre ces deux villes, par l'ingénieur Seguin, ont été favorisées par un temps splendide et ont été particulièrement brillantes.

Le matin, un cortège s'est formé devant la sous-préfecture de Tournon, en tête duquel on remarquait M. Regnaut, préfet de l'Ardèche, et les hommes politiques du département. Venait ensuite le gracieux défilé des reines des villes de la vallée du Rhône : Lyon, Vienne, Tournon, Tain, Valence, Montélimar, Annonay, Vals-les-Bains, Avignon, Arles, Marseille, etc. Arrivé à l'entrée du pont, inauguré en 1826, le cortège des reines et de leurs demoiselles d'honneur s'est arrêté devant les deux bas-reliefs en bronze destinés à perpétuer la mémoire du célèbre ingénieur.

Le Dr Cadet, président du Comité ; MM. Arnaud, maire de Tournon ; Roux, maire de Tain; M. René de Prandières, qui a épousé la dernière des dix-neuf enfants du grand inventeur, ont célébré tour à tour Marc Seguin.

Le discours de ce dernier, particulièrement savoureux, parce qu'il restituait dans sa vivante intimité la figure du grand ingénieur, a recueilli les suffrages unanimes des assistants.

. . . .
. . . .

EXTRAIT DU DISCOURS

PRONONCÉ PAR

M. Henri REGNAULT, Préfet de l'Ardèche

Messieurs,

Lorsqu'une famille inscrit dans la lignée de ses ancêtres les noms de Montgolfier et Seguin, c'est en vérité l'hommage de la reconnaissance publique de plusieurs siècles qu'il lui faut exprimer.

Imaginez la surprise émerveillée (les cérémonies et les poèmes du temps en font foi) qui fut celle de vos compatriotes de 1825, à la vue de ce premier pont suspendu jeté sur les deux rives du Rhône ! Considérez au regard de la civilisation générale les bienfaits d'une découverte qui, avec les années, devait trouver son application dans le monde entier ; et vous conclurez qu'une aussi brillante victoire d'un homme sur la nature méritait hautement la glorification que vous lui témoignez en cette solennité.

Que si, jetant un coup d'œil sur l'ensemble de ses recherches, et songeant à la « chaudière tubulaire [1] »,

[1] Marc Seguin est aujourd'hui reconnu comme l'inventeur incontesté de la « chaudière tubulaire » ; laquelle, on le sait, est devenue dans le monde entier le plus indispensable des engins industriels ; car, usines, chemins de fer, bateaux à vapeur, etc., en sont tributaires.

C'est, en effet, la « chaudière tubulaire » qui constitue le vous réfléchissez à la prodigieuse activité économique du XIXᵉ siècle ; alors, c'est mieux qu'une parole de gratitude que vous prononcerez à son égard : c'est un geste réfléchi que vous accomplirez, en vous inclinant respectueusement devant « la Science », souveraine maîtresse du Progrès.

A une époque qui laisse quelque peu fléchir le culte de l'idéal, et sous-estimer les plaisirs de l'intelligence, puisse la noble figure d'un « Marc Seguin » rappeler aux Français qui seraient tentés de l'oublier, que, malgré des apparences souvent contraires, c'est toujours l'Idée qui mène le monde et toujours le Travail qui reste à la source du bonheur !

. . . .

. . . .

premier organe transformateur de la puissance calorifique de la « houille noire » en travail mécanique ! et la nouvelle « houille blanche », elle-même, ne sera jamais que son auxiliaire.

En un mot, elle est la géniale utilisation d'une des plus grandes forces de la nature, révélée au monde, principalement par Denis Papin (1647-1714) et par Marc Seguin (1786-1875).

DISCOURS de M. René de PRANDIÈRES

PRONONCÉ DEVANT LES PLAQUES COMMÉMORATIVES ÉRIGÉES
PAR LES VILLES DE TOURNON ET DE TAIN SUR LES PILES
DU PONT CENTENAIRE, DÉNOMMÉ « PONT MARC SEGUIN ».

MONSIEUR LE PRÉFET,
MESDAMES, MESSIEURS,

Marc SEGUIN, que les Villes de Tournon et de Tain glorifient aujourd'hui, aurait actuellement cent quarante ans (1786-1926).

Bien que j'aie moi-même seulement la moitié environ de cet âge, j'ai l'honneur de me présenter à vous, comme son gendre, ayant eu le bonheur d'épouser une de ses filles, la dernière de dix-neuf enfants !

Pour expliquer pareille anomalie, j'ajouterai qu'entre l'aînée et la cadette de ces dix-neuf enfants il y avait une différence d'âge de quarante-sept ans.

Seul survivant de la première génération dans la descendance de Marc Seguin, j'ai pu recueillir par moi-même, ou par les parents et amis qui l'ont connu le plus intimement, de nombreux souvenirs ; et le Comité organisateur de cette solennité a bien voulu me prier de venir en évoquer quelques-uns devant vous.

Puissent-ils mériter votre bienveillante attention ; car, sans doute, aujourd'hui veut-on célébrer moins le Pont lui-même qu'honorer l'homme de génie, son auteur ; et il vous intéressera, j'espère, de savoir ce que fut dans sa vie privée celui que vous connaissez déjà comme ingénieur et comme savant.

En 1887, lors du premier *Cinquantenaire des chemins de fer*, la Ville de Paris décida d'élever une première statue à Marc Seguin, sur le socle de laquelle, on proposa d'inscrire :

MARC SEGUIN

INVENTEUR — INGÉNIEUR — SAVANT

et aussi :   PHILOSOPHE

Ce dernier titre fut omis, mais on avait eu raison de le proposer ; car, en effet, Marc Seguin fut un philosophe, un grand philosophe, soit, dans la belle acception de ce mot : « un ami de la sagesse ».

Il ne fut pas, oserai-je dire, un « philosophe en chambre », aux conceptions seulement théoriques et abstraites ; mais un philosophe « militant », qui pensa en agissant et en luttant toujours, en prêchant par l'exemple, en s'imposant par une force de volonté et une persévérance indomptables dans la réalisation de ses desseins ; et cela,

MARC SEGUIN

Inventeur de la « Chaudière tubulaire » (Brevet du 22 février 1828)
et promoteur de la « Locomotive à grande vitesse ».

Statue érigée en 1903 devant la gare de Lyon, à Paris.
Supprimée temporairement, elle doit être réédifiée prochainement
sur un autre emplacement par la Compagnie P.-L.-M.

INSCRIPTION SUR LE SOCLE :

« Quand la volonté de l'homme semblait devoir se briser contre d'insur-
« montables obstacles, voici qu'une goutte d'eau réduite en vapeur est venue
« suppléer à sa faiblesse et lui créer une puissance dont on n'a pu encore,
« dont on ne pourra, de longtemps peut-être, mesurer l'étendue. »

« MARC SEGUIN, 1828. »

(MAUBACH, sculpteur.)

pendant une très longue vie animée jusqu'au bout par une vigueur physique et intellectuelle toujours si jeune que, sans cesse, jaillissaient de lui ces pensées profondes et fécondes, originales et à l'emporte-pièce, qui portent mieux que de gros livres ou de très beaux discours.

Né en 1786, Marc Seguin grandit en pleine période révolutionnaire, et un souvenir inoubliable, qu'il rappelait toujours avec émotion, était la consternation qu'éprouva toute sa famille en 1793, à la nouvelle de la mort du Roi.

Cette douleur était d'autant plus justifiée, que les « Papeteries de Vidalon-lès-Annonay », propriété de cette famille, avaient le titre de « Manufacture Royale », et que c'était l'infortuné Louis XVI lui-même qui, peu de temps auparavant, avait anobli les deux oncles de Marc Seguin, Joseph et Étienne de Montgolfier, inventeurs des ballons (1783).

Aucun établissement scolaire n'existant plus alors, ce fut la mère du petit Marc, née elle-même « Montgolfier », qui lui apprit à lire et à écrire. Puis, pour se débarrasser de l'enfant comme on put, on l'envoya dans la montagne, à Talencieux, chez un pauvre prêtre qu'on appelait « le Prieur Gros ». Réfugié en ce pays perdu, celui-ci, pour vivre, s'y était improvisé professeur, hébergeant à titre d'élèves quelques jeunes galopins.

Chez lui, c'était misère ! On couchait dans une

grange ; la classe se faisait ordinairement en plein air, dans les champs. La pitance était maigre et plus maigre encore, je crois, l'instruction.

En particulier, le brave « Prieur Gros » était rebelle aux mathématiques !

Aussi, lorsque, à treize ans, le jeune Marc fut repris par ses parents, il tira sa révérence à l'humble précepteur, en lui disant avec espièglerie : « Je crois bien que vous ne m'avez pas appris grand'chose ; mais tout de même, je vous remercie, et quand je serai plus grand, moi, je vous apprendrai « à chiffrer ».

Assurément, il aurait pu le faire. En tout cas, le grand homme conserva toujours pour son premier maître une touchante vénération, et il riait de bon cœur aux souvenirs qu'il en avait gardés.

En 1799, pour procurer à l'enfant un enseignement plus complet, son père l'expédia à Paris, auprès de son oncle maternel, Joseph de Montgolfier, alors directeur du Conservatoire des Arts et Métiers.

Ce fut cet immortel inventeur qui, Marc Seguin l'a toujours proclamé, éveilla vraiment en lui l'esprit scientifique, en lui transmettant ses originales et fécondes méthodes de travail, en lui inspirant et en lui démontrant comme possibles plusieurs de ses futures inventions.

Mais, quoique « Immortel », l'Oncle Joseph ne

(Cl G. TOURSIER.)

Le Pont Marc Seguin *(l'Ancêtre)*.

« Le premier Pont suspendu » (1825) entre Tournon et Tain.

Vue prise de Tain, en aval du Pont.

s'entendait guère à l'éducation de la jeunesse, et bien vite, il fourra son neveu à l' « Institution Leroux », dans l'ancien couvent de Picpus.

Là, le petit Marc tomba en pleine galère, parmi les pires garnements, maîtres et élèves. Le pauvre enfant eut beaucoup à souffrir.

Ensuite, s'écoulèrent environ quinze années, que l'ardent jeune homme employa, soit à Paris, soit à Annonay, à l'étude passionnée de toutes les sciences, ainsi qu'à des perfectionnements pratiques dans plusieurs industries.

En toutes choses, il acquit une telle maîtrise qu'il étonna par sa science l'ingénieur en chef du département de l'Ardèche, de Plagniol, venu en villégiature à Annonay.

Un jour, celui-ci lui ayant posé le problème de remplacer les ponts en pierre par un autre système aussi solide et moins coûteux : « Je m'en occuperai », répondit Marc Seguin ; et c'est ici même qu'il commença, vous voyez par quel coup de maître, la réalisation de sa promesse.

Je dois le rappeler :

Dans la construction de ce premier « Pont de Tournon », et après, dans tous ses autres travaux, Marc Seguin, appelé « Seguin l'aîné », fut grandement secondé par ses quatre frères : Camille, Jules, Paul et Charles. Les cinq frères, tous hommes de très grande valeur, chacun en leur spécialité, demeurèrent toujours si admirablement unis qu'on les surnommait les cinq doigts de la main ; et, à eux seuls, ils construisirent en France ou à l'Etranger cent-quatre-vingt-six ponts suspendus !

A cette époque (1823) commença pour Marc Seguin la période héroïque de sa vie, pendant laquelle il eut à déployer un labeur vraiment surhumain.

En effet, on ne saurait s'imaginer, à l'heure actuelle, toutes les difficultés qu'il eut à surmonter.

A toute la nombreuse et rude population des « Mariniers du Rhône », ponts suspendus et bateaux à vapeur portaient un grave préjudice. Dès lors, Marc Seguin devint la « bête noire » de tous, et plusieurs fois il risqua d'être jeté à l'eau, comme jadis, à Lyon, avait failli être « noyé en Saône » par les « soyeux » le célèbre Jacquard, inventeur de la mécanique de ce nom.

Pour la construction du premier chemin de fer de Saint-Etienne à Lyon, qui sur un parcours très accidenté de 58 kilomètres, présenta toutes les variétés possibles de difficultés techniques, ce fut encore pire.

A défaut de toute loi sur l'expropriation, Marc Seguin dut ruser et batailler presque à main armée avec la plupart des propriétaires des terrains à traverser ; et un jour même, il n'échappa que par miracle à un coup de feu, tiré sur lui par un paysan, chez lequel il avait pénétré pour un levé de plans.

L'hostilité publique continua au commencement de l'exploitation dudit chemin de fer.

Tout ce monde, alors si important du « Roulage » et des « Postes Royales » à chevaux se ligua contre la concurrence de la nouvelle voie ferrée ; et on faisait dérailler les trains, sauter les chaudières ; on incendiait les vagons, chose facile alors car ils étaient garnis de paille pour le plus grand confort des voyageurs, etc.

Quant à ces voyageurs, vous jugerez de ce qu'ils pouvaient être par le fait suivant :

Pour comble de luxe, la « Compagnie Seguin » avait remplacé la paille par des banquettes garnies de drap ; et, aux portières des voitures, elle avait mis des vitres, avec tirants en cuir.

Qu'en pensèrent les voyageurs, pour la plupart de grossiers campagnards ?

Eh bien ! vous me croirez si vous voulez : les voyageurs ! ils se taillaient des gilets dans le drap des banquettes ! et ils coupaient les tirants de vitres, pour s'en faire des bretelles !

En résumé, les difficultés furent telles, que Marc Seguin a souvent avoué qu'il aurait probablement échoué, sans l'intervention providentielle du célèbre ministre de la « Restauration », le comte de Villèle (1821-1828).

Celui-ci, heureusement, le comprit et l'aida ; si

bien, qu'à l'achèvement du premier chemin de fer, comme de Villèle félicitait l'ingénieur de son succès si péniblement obtenu, celui-ci lui répondit mélancoliquement : « Hélas! Excellence, j'ai moins de mérite que vous en avez eu vous-même, en me faisant prendre au sérieux. »

Le croirait-on ? L'exploitation de la première voie ferrée commença sans aucun enthousiasme de la part de personne et sans inauguration officielle.

Le duc d'Angoulême, fils aîné du roi Charles X, étant venu voir la nouvelle curiosité du jour, Marc Seguin voulut lui en témoigner sa reconnaissance en criant devant la foule : « Vive le duc d'Angoulême ! »

Mais on était à la veille de la Révolution de 1830 ; le peuple était hostile et un rire moqueur accueillit l'acclamation de l'ingénieur, impopulaire lui-même.

Le pauvre Marc Seguin en fut de son enthousiasme, pour une nouvelle corvée : celle de réconforter le malheureux prince, que cet incident avait douloureusement impressionné.

Finalement, cette journée, qui aurait dû être pour Marc Seguin un jour de triomphe, fut au contraire pour lui, a-t-il raconté, une des plus pénibles de sa vie !

Dans ses autres grandes entreprises industrielles, Marc Seguin récolta plus de déboires que de profits.

(Cl. G. Toursier.)

Bas-relief commémoratif du « Centenaire
du premier Pont suspendu » construit
en 1825 par Marc Seguin et ses frères :
Camille, Jules, Paul et Charles.

Inauguré à Tournon (rive droite du Rhône),
le 4 juillet 1926.

(Bas-relief de Léopold et Marcel Renard.)

La tentative d'une « Société de halage sur le Rhône par la vapeur, à points fixes, » entre Valence et Lyon échoua,parce que les chaudières et les machines venues d'Angleterre n'avaient pas encore la puissance et la solidité voulues.

Ensuite, la grande entreprise de la construction du « Chemin de fer Rive Gauche de Paris à Versailles » (1840) fut des plus dures pour l'ingénieur, et même fit une brèche sensible à sa fortune, par suite de difficultés imprévues, rencontrées au cours des travaux, notamment dans la construction de l'audacieux viaduc des Moulineaux.

Les hostilités, les rivalités grandissaient. Pour les vaincre, il se sentit acculé à l'emploi de moyens que réprouvait son intransigeante honnêteté ; et alors, de Villèle n'étant plus là pour le soutenir, il renonça à la lutte et se retira, quoique n'ayant encore que cinquante-deux ans, à Fontenay, près Montbard, en Bourgogne.

Là, commença pour lui une admirable vie de patriarche, de savant et, vous en jugerez, de philosophe.

A vingt-quatre ans (1810), Marc Seguin avait épousé Augustine Duret, d'Annonay, dont il eut treize enfants.

A cinquante-trois ans (1839), il se maria en secondes noces avec sa nièce, plus jeune que lui de trente-trois ans : Augustine de Montgolfier, qui lui donna encore six enfants.

Or, son second beau-père, Élie de Montgolfier, d'un esprit très inventif[1], mais non moins aventureux, était à cette époque assez embarrassé d'une vaste propriété, située au milieu des forêts de ce Fontenay que je viens de nommer, et qui comprenait une magnifique, même historique abbaye, fondée par saint Bernard, en 1118. Élie de Montgolfier, depuis trente ans l'avait transformée en papeterie.

Pour l'obliger, Marc Seguin acheta le tout ; restaura et agrandit usines et bâtiments d'exploitation agricole, puis finalement, il rassembla en un immense phalanstère ses gendres et filles, beaux-frères et belles-sœurs, enfants et petits-enfants, tous si nombreux, qu'on n'était jamais moins de vingt-cinq à table.

Au sein de cette vie familiale, le jeune patriarche reprit alors avec passion l'étude des problèmes les plus ardus dans les sciences physiques et mathématiques.

Continuant les relations qu'il avait eues à Paris avec les savants les plus illustres de l'époque, offrant une généreuse hospitalité à ceux qui volontiers venaient collaborer avec lui, il échangea avec tous des lettres et des mémoires restés célèbres.

Malgré sa modestie, il ne put donc pas se faire oublier. Les honneurs vinrent le chercher dans sa

---

[1] Élie de Montgolfier passe en Papeterie, pour avoir inventé entre autres choses, « le Papier buvard ».

(Cl. L. Bégule.)

Abbaye de Fontenay, près Montbard (Côte-d'Or). — Vue générale.

Abbaye fondée par Saint Bernard en 1118 ; construite de 1130 à 1150 environ, par l'Ordre de Cîteaux ;
restaurée de 1906 à 1913 par M. Édouard Aynard, ancien député du Rhône. — Propriété actuelle de
M. René Aynard, arrière petit-fils de Marc Seguin.

retraite et il lui fut décerné le seul titre qu'il eût jamais ambitionné ; celui de « Membre correspondant de l'Institut » (1845).

Ainsi passèrent dix-neuf années, après lesquelles la direction de cette « Tribu Seguin » comme on l'appelait, devenant trop lourde, surtout pour la jeune femme du grand chef, celui-ci sentit se réveiller en lui l'amour invétéré du pays natal. Il n'y résista pas, et pour toujours il revint à Annonay (1859).

Encore pour obliger, il acheta, à proximité de cette ville, une vieille propriété de sa famille maternelle, dont le nom de « Varagnes », uni à celui de « Seguin », est devenu légendaire dans le pays ; et là, il se mit à « planter ses choux ».

Mais, quelles espèces de choux ?

Ce furent des laboratoires de physique et de chimie, une remarquable bibliothèque, des ateliers de peinture et de sculpture, une machine à vapeur réalisant les plus savantes théories scientifiques, un observatoire astronomique et, sans parler du reste... une basse-cour ! Celle-ci mérite, si vous le permettez, une mention spéciale.

Ce fut, en effet, dans cette basse-cour, que, pendant plusieurs années, le grand savant éleva divers volatiles, non pas certes pour sa cuisine, mais pour observer le vol des oiseaux au point de vue mécanique et en déduire les principes de l' « Aviation », dont l'étude le passionnait !

Il en arriva à construire un bizarre appareil,

dont il fut beaucoup parlé, qui, par le seul effort humain, s'élevait à quelques centimètres au-dessus du sol. Souvenir curieux ! L'expérimentateur attitré en fut un jeune abbé du voisinage, qui mériterait vraiment d'être honoré, pour avoir été, c'est sûr, le « premier aviateur du monde ».

Son nom, malheureusement, est perdu pour l'histoire.

Marc Seguin vécut dans son cher « Varagnes », les quinze dernières années de sa vie.

Connu et adoré de tout le pays, c'était un beau vieillard à la figure noble, de haute stature, au teint vif et reposé, se levant à 4 heures du matin, d'une sobriété extraordinaire, car, pendant plus de quarante ans, il ne mangea pas de viande : du lait seulement, des fruits et des légumes. Pour boisson, toujours de l'eau !

Jusqu'au bout, il fut assez alerte, soit pour faire dans le pittoresque pays d'alentour de longues et rêveuses promenades solitaires ; soit pour diriger lui-même des constructions, dont jamais on ne voyait la fin ; car, disait-il, il avait l'incurable « maladie de la pierre » !

C'est la seule qu'il eut jamais ; et, prématurément, sembla-t-il, il tomba comme le chêne, foudroyé par une indisposition négligée.

En vrai patriarche des temps bibliques, il touchait à ses quatre-vingt-dix ans, quand il expira avec la sérénité d'un sage, avec l'humilité d'un

(Cl. L. Bégule.)

Abbaye de Fontenay. — La salle Capitulaire.

(Cl. L. Bégule.)

Abbaye de Fontenay. — Ensemble du Cloître.

chrétien, entouré de dix enfants encore vivants, sous « l'absolution » de son fils, prêtre !

Ce prêtre, c'était le brave, original et spirituel abbé, puis chanoine Louis Seguin, que presque tout ce pays a connu, et, je crois pouvoir dire, a aimé, d'abord, comme officier des Mobiles de l'Ardèche dont la conduite fut si brillante en 1870; puis comme aumônier de l'Hôpital d'Annonay pendant trente-huit ans.

Je terminerai cette biographie par un mot fort piquant de Marc Seguin, qui semble résumer toute la mentalité directrice de sa vie.

Il avait connu jadis, comme évêque de Viviers, en Ardèche, Mgr Guibert (1802-1886), devenu plus tard cardinal-archevêque de Paris qui, en 1870, se trouvait, je crois, archevêque de Tours.

Or, aux plus mauvais jours de l'Année Terrible, écrivant pour affaires à M. Seguin, Mgr Guibert avait terminé sa lettre par ce triste post-scriptum :

« Hélas ! les Prussiens avancent toujours ! Qu'allons-nous devenir !

« Allons ! mon cher Monsieur Seguin, vous qui avez inventé tant de choses, ne pourriez-vous pas trouver encore quelque bonne machine à broyer enfin et à détruire d'un coup tous ces maudits barbares ? Quel magnifique « Bouquet » final ce serait pour votre vie déjà si belle ! »

A ce post-scriptum, Marc Seguin répondit philosophiquement par le suivant :

« Quant à la machine dont vous me parlez, Monseigneur, elle n'est pas de ma compétence. Je ne suis point un homme de guerre, mais un « pacifique » qui n'a su travailler que pour le bien de l'humanité, jamais pour son malheur. Ayant toujours cherché à créer et non pas à détruire, je suis heureux de n'avoir pas inventé la poudre !

Et même en ces jours d'angoisse, je ne voudrais pas inventer encore pire !... malgré votre désir, cher Monseigneur Guibert !

La belle fin de Marc Seguin a inspiré à tous ses contemporains le même commentaire : Il est mort, comme il avait vécu ! c'est-à-dire, en chrétien convaincu.

Tel en effet, se montra-t-il ouvertement toute sa vie, malgré une éducation première toute voltairienne, à la Jean-Jacques Rousseau ; malgré l'intransigeante hostilité de son temps à tous principes religieux ; malgré même son très grand libéralisme à tous points de vue et l'indépendance absolue de son caractère.

« La Foi ! » elle lui était seulement apparue au berceau, avec le sourire d'une pieuse mère. Puis, ce fut lui-même qui, progressivement, se l'inocula à fond par la pensée, par l'expérience de la vie, par ses controverses avec nombre des personnalités intellectuelles les plus éminentes de l'époque, représentant les opinions les plus opposées.

Certain jour, il expliquait avec verve cette évolution morale, en ayant les rieurs pour lui, dans les termes suivants :

« Il en est de la Foi, comme de certaines maladies contractées dans la jeunesse qui, malgré tous les remèdes, vous empoisonnent toute la vie : quand on l'a sucée, la Foi, avec le lait de sa nourrice, elle revient toujours ; et, si on l'a perdue à vingt ans, on la retrouve à soixante, pour peu qu'on ait un peu pensé, et surtout beaucoup souffert ! »

Une autre fois, dans un salon littéraire à la mode, mais des plus sceptiques, comme on discutait sur la vieille question de « l'Incompatibilité de la Science et de la Foi », il émit cette belle pensée :

« La Science et la Foi sont deux ailes puissantes, dont l'homme dispose pour s'élever au but suprême de l'Idéal.

Or, pour mieux monter, battre des deux ailes vaut mieux, à mon sens, que battre d'une seule ! »

« Croyant » sincèrement Marc Seguin « pratiqua », quoique un peu à la Mode de 1830. C'est ainsi qu'il ne fut lui-même « confirmé » qu'à soixante-dix ans, en même temps que son beau-père, Elie de Montgolfier et un ami d'enfance, Rousseau, dit de Kéréma, ingénieur distingué de la Marine, mais voltairien et saint-simonien endurci, qu'il avait fini par convertir.

D'ailleurs, sa pratique religieuse était peu austère ; écoutez plutôt :

La famille Seguin avait conservé l'habitude de la prière en commun. Souvent, « grand-père » y assistait, et c'était alors lui qui la disait à haute voix.

Mais, comme il n'était pas homme de routine, chaque soir, il improvisait et variait ses oraisons suivant les événements de la journée, de sorte qu'au gré des jours bons ou mauvais, la cérémonie était joviale ou triste.

Le moment critique, toujours impatiemment attendu, était celui de « l'examen de conscience ».

Car parfois l'officiant faisait alors publiquement la confession particulière des peccadilles de chacun et surtout de chacune !... toujours avec tant de verve, qu'on ne pouvait guère s'empêcher de sourire, même de rire... mais quelquefois de travers, car tous ceux qui l'avaient mérité avaient leur tour ! sans observations, d'ailleurs, parce que le confesseur était homme de commandement qui en imposait trop pour qu'on osât protester.

Néanmoins, à tout péché miséricorde ! « Bon Papa, » c'était le Bon Dieu ! et l'Office se terminait toujours par une « absolution générale ».

Quant à « la Politique », Marc Seguin n'y toucha pas et, en cette matière, il ne se livra jamais qu'à la seule manifestation suivante :

Chevalier de la Légion d'honneur depuis 1836, il ne fut nommé Officier que trente ans plus tard, en 1866, sur la demande de V. Duruy, ministre

Varagnes. — Façade Midi.

Propriété de la Famille SEGUIN, près Annonay (Ardèche).

de l'instruction publique ; et en lui notifiant cette distinction, l'empereur Napoléon III — à qui on a attribué en partie l'invention des canons rayés — fit savoir à l'éminent vieillard que, personnellement, il avait étudié avec intérêt un de ses derniers Mémoires sur la *Balistique*.

Marc Seguin répondit : « Sire, au cours de ma longue vie, j'ai entendu crier successivement : Vive la Nation ! Vive le Premier Consul ! Vive l'Empereur ! Vive le Roi ! Vive la République !

« Octogénaire aujourd'hui, j'adresse avec reconnaissance à Votre Majesté un dernier vœu !... le vœu renouvelé de mes vingt ans, aux beaux jours enthousiastes de 1806 !... « Vive l'Empereur ! »

Les sentiments catholiques si élevés de Marc Seguin lui inspirèrent non seulement la philanthropie mais la vraie charité ; et secondé, souvent même inspiré par son admirable compagne Augustine de Montgolfier, il fut si bien, tout à la fois, philanthrope et charitable, qu'Annonay sa ville natale, l'a proclamé son insigne bienfaiteur.

Partout, il donna à pleines mains ; faisant l'aumône par centaines de mille francs à la fois ; aidant des travailleurs jugés par lui dignes d'être encouragés ; s'intéressant aux affaires de parents ou d'amis embarrassés ; surtout, enfin, bâtissant, bâtissant toujours pour abriter toutes les misères[1].

---

[1] Cette générosité lui attira, certain jour, une bonne leçon de la part d'une de ses filles, encore enfant.

Comme il lui reprochait doucement de dépenser trop étour-

Aussi, ne voyait-on plus en lui le « membre de l'Institut », mais seulement le bon grand-père, le bon maître, le bon ami ! Pour tout le pays, c'était le « bon Monsieur Seguin ».

Ah ! il était riche, dira-t-on ; oui ! peut-être. Mais, qu'était sa fortune, auprès de celle qu'il aurait pu retirer de toutes ses inventions, dont plusieurs eurent un succès mondial, s'il l'avait voulu !

Or, il ne le voulut pas !

Il ne prit jamais qu'un seul brevet, et seulement pour en marquer la date, celui devenu célèbre du 22 février 1828, pour la « chaudière tubulaire ». Il n'en paya même pas la seconde annuité, et noblement, généreusement, il laissa libre d'en profiter qui voulut. Vous savez si beaucoup le voulurent et comment ils surent le faire !

Mais pourquoi cette abnégation ?

Parce que Marc Seguin n'aima jamais la fortune que pour la partager, considérant qu'elle conduit au trop grand luxe et que celui-ci est antisocial, antichrétien !

Il le prohiba toujours chez lui.

Pour terminer, je ne saurais mieux faire que

diment, « de ne pas savoir compter », celle-ci lui riposta : « Mais papa, c'est comme vous ! Maman dit que vous êtes bien de l'Institut ; mais que, tout de même, quand c'est pour les pauvres, vous ne savez plus rien calculer ! »

Il embrassa, sans doute, la chère enfant, ne gronda plus... et sûrement ne se convertit pas.

Varagnes. — La cour du Nord.

A gauche : Entrée principale de la Maison d'habitation.
A droite : Ateliers et Laboratoires divers, Bibliothèque, Observatoire, etc., etc.

citer, parmi tant d'autres enseignements donnés par Marc Seguin dans sa famille, celui concernant la richesse.

A ce sujet, il a écrit dans une lettre intime ce qui suit :

« Dieu ne consent la richesse à quelques-uns, non pas à titre de propriétaires, mais seulement à titre de dispensateurs auprès des pauvres.

« Les riches ont beaucoup à faire par leur bienveillance et par leur libéralité, pour se faire pardonner une situation qui excite tant de convoitises. »

Et il ajoutait :

« Inutile de laisser aux enfants une trop grosse fortune, qui est un si grand danger pour ceux qui ne savent pas en faire un usage légitime.

« Le seul but que les parents doivent se proposer, c'est de fournir à leurs enfants des moyens de travail, pour qu'ils puissent se faire, eux-mêmes, une situation en rapport avec leurs capacités. »

*
* *

Et maintenant, que reste-t-il de cette longue et si admirable vie ?

Il en reste, n'est-il pas vrai ? il en reste pour tout le monde ce que la famille de Marc Seguin a trouvé de mieux dans l'héritage de cet aïeul vénéré, c'est-à-dire :

Un nom, des œuvres, un exemple.

Le nom ! ceux qui le portent en sont justement fiers, car il est glorieux.

Les Œuvres ! l'Univers entier les considère comme immortelles, parce que, pour le bien de l'humanité, elles sont entrées, on peut dire, dans son patrimoine intangible, après avoir produit partout la plus heureuse des révolutions, la plus fructueuse peut-être au point de vue économique et pourtant, le croirait-on, la plus pacifique de toutes celles dont l'Histoire a gardé le souvenir !

Quant à l'Exemple ! il est bon, il est grand, parce qu'il part de très haut.

Dieu veuille que les fils de France soient toujours nombreux à le suivre, en vaillants émules de ces deux frères, petits-fils de Marc Seguin, MM. Louis et Laurent Seguin, qui, héritiers du génie inventif de leur grand-père, se sont déjà signalés eux-mêmes par une invention célèbre [1].

Malheureusement, Louis, l'aîné, a disparu prématurément. Mais ses deux frères Laurent et Augustin Seguin, ici présents, méritent bien que j'offense leur modestie en disant qu'ils détiennent toujours le flambeau de cet amour héréditaire pour la science et pour le travail, et qu'entre leurs mains, entre celles de leur jeune neveu Amédée Seguin, ce flambeau sûrement ne s'éteindra pas.

Enfin, permettez-moi de le dire, celui qui a inauguré cette noble tradition familiale, c'est

[1] Le moteur rotatif « Gnome ».

MARC SEGUIN

D'après la lithographie de Daniel Némoz,
suivant original de Daguerréotype.
(Tirage à 300 exemplaires)

Se trouve chez l'Auteur :
Château du Molard. à Beausemblant (Drôme)

un des propres fils de Marc Seguin, l'aîné de son mariage avec Augustine de Montgolfier, c'est-à-dire le si regretté Augustin Seguin, que beaucoup parmi vous ont bien connu et sans doute hautement apprécié comme ingénieur et comme artiste, comme homme de bien et de dévouement, qui n'inspira jamais qu'estime et affection ; enfin, comme père de famille modèle, justement adoré par dix enfants, tous bien dignes de lui.

Mais l'exemple d'un Marc Seguin porte plus loin qu'un cercle de famille quelle qu'en soit l'étendue.

C'est sur toute l'humanité qu'il rayonne, ainsi que M. le Préfet de l'Ardèche le proclamait tout à l'heure en ces termes éloquents :

« Il ressort de toute la vie de Marc Seguin que, « malgré des apparences souvent contraires, c'est « toujours l'Idée qui mène le Monde, et toujours « le Travail qui reste à la source du bonheur ! »

Ne faut-il pas ajouter :

Il ressort encore de cette vie que, malgré toutes les haines et tous les égoïsmes, le Monde sera toujours séduit et dominé par le génie, surtout quand celui-ci est uni aux qualités du cœur : la noblesse des sentiments, la générosité, le désintéressement, pour tout dire, la vraie bonté !

Une preuve vivante de cette assertion, n'est-ce pas cette solennité elle-même, manifestation spontanée de la sympathique admiration que conserve pour Marc Seguin sa chère petite patrie ardéchoise, qu'il a tant aimée lui-même ! qu'aiment également tous les *Seguin*, tous les *Montgolfier* ! que vous aimez tous de même, n'est-il pas vrai ? chers amis de ce rude et vaillant « Vivarais », qui, en honorant ses enfants comme ils le méritent s'honore vraiment lui-même ! et justifie la belle devise d'Annonay : « *Cives et semper cives* » (Citoyens toujours ! et toujours concitoyens !)

Quant à moi, je me féliciterai d'avoir osé, malgré mon inexpérience, prendre la parole devant vous, si les souvenirs que j'ai rapportés peuvent contribuer à ce que, en regardant cette « Plaque Commémorative » avant de « passer le pont », beaucoup se disent :

« Celui-là... C'est toute sa vie qu'il a passée, à bien penser et à bien faire » *(Bene... bene faciendo)* ;

C'est-à-dire :

« En faisant le bien !... toujours en le faisant très bien ! »

TOAST DE M. RENÉ DE PRANDIÈRES

AU BANQUET OFFERT A TAIN, AU « COMITÉ D'HONNEUR »
PAR LE « COMITÉ DIRECTEUR »

MESSIEURS,

Le magnifique auditoire de ce matin m'a témoigné tant de bienveillance que je ne peux refuser de répondre à la demande qui m'est faite de prendre encore la parole.

Ce sera malheureusement pour vous le « quart d'heure·de Rabelais » ! — Mais il sera court : le temps seulement, de dire quelques mots, si vous le voulez bien, non plus du passé auquel nous avons déjà rendu hommage ; mais du présent et surtout de l'avenir qui maintenant nous intéressent.

Le présent ! c'est en ce moment pour nous l'oubli fugitif des tracasseries dont gémit, hélas ! en cet an de grâce 1926, tout bon « Français moyen » : Crise du change ! Crise ministérielle ! Crise anglaise ! Crise russe ! Crise chinoise ! Que sais-je ! Crises toujours et crises partout ! Finalement, n'est-il pas vrai, crises de nerfs pour ceux qui n'ont pas la sagesse de « ne pas s'en faire ! »

Le présent ! C'est encore le plaisir d'être ici réunis entre concitoyens, ou amis de cette chère « petite patrie ardéchoise » dont la fête aux éclats joyeux, vous l'entendez ! *(on entend du dehors : musiques, pétards, etc.)* bat son plein autour de nous, pour honorer un de ses meilleurs enfants.

Enfin, le présent ! c'est la satisfaction de pouvoir nous féliciter de la réussite si complète de ce « Centenaire »! surtout, de pouvoir en féliciter, comme ils le méritent, ceux qui l'ont organisé.

Depuis longtemps, ils ont été vaillamment à la peine ! Aujourd'hui, il est bien juste qu'ils soient à la gloire avec celui qu'ils ont voulu glorifier[1].

Je serai donc, j'en suis certain, l'interprète de vos sentiments unanimes, en criant : «Bravo ! au Comité d'organisation » ; et en vous proposant de lever en son honneur non plus seulement notre verre, suivant la formule classique ; mais nos verres ! car... chacun, nous en avons plusieurs devant nous, pleins de vos vins «divins» des côtes du Rhône, aux noms si célèbres et non moins suggestifs : d'Hermitage... ici, le vin du cru ! puis Côtes-Rôties, Saint-Péray, Cornas... et *tutti quanti.*

D'autre part, Messieurs, Marc Seguin est repré-

---

[1] A la fin du Banquet et aux applaudissements unanimes de l'assistance, un magnifique objet d'art est offert par les Comités réunis à M. Gustave TOURSIER, « commissaire général, » en reconnaissance de l'initiative et du zèle éclairé dont il a fait preuve dans l'organisation des Fêtes du Centenaire.

senté parmi vous, non seulement en ma personne,
par le dernier survivant de ses cinq gendres et de
ses onze fils, mais encore par de nombreux descendants, et par des alliés plus nombreux encore, car
vous le savez, la famille Seguin ne favorise guère
la « dépopulation [1]».

Au nom de toute cette famille,

Monsieur le Commissaire général,

Monsieur le Président,

Messieurs les membres du Comité directeur,

Au nom de la famille Seguin, j'ai l'honneur de
vous remercier d'avoir consacré la première des
« Fêtes du Rhône » à une nouvelle glorification
de son aïeul vénéré.

En retour, veuillez agréer de sa part cet
heureux pronostic : les inventions de Marc Seguin
ont porté bonheur à beaucoup ! Son patronage,
adopté par vous pour les « Fêtes du Rhône » leur
sera, j'en suis sûr, favorable ; et, comme ses inventions, elles feront merveille !

Et me voici amené à vous parler de l'avenir !

Non pas, rassurez-vous, de celui de la vie chère,
de celui de la Société des Nations, non plus que
de toutes les questions politiques ou économiques
à l'ordre du jour qui ont malheureusement empê-
ché M. le Ministre des Colonies d'honorer cette
solennité de sa présence, comme on y comptait !

[1] Marc Seguin a eu 196 descendants directs, dont 141 sont
actuellement vivants.

Non, je veux vous parler seulement de l'avenir de vos projets qui, résumés et annoncés sous le nom si attrayant de « Fêtes du Rhône », ont été immédiatement accueillis partout avec la faveur la plus sympathique.

Tout le monde le pense, en effet :

Par les beautés naturelles si pittoresques et si variées qui décorent ses rives, le Rhône peut en remontrer à la Seine, à la Loire, et même au Rhin.

Par les admirables vestiges dont les siècles passés ont enrichi les régions qu'il traverse, celles-ci sont particulièrement intéressantes, attendu qu'on peut tout y étudier : depuis l'histoire de ces « Glaciers des Alpes » qui, aux temps préhistoriques, sont venus, disent les savants, villégiaturer en plein Tarascon, jusqu'à toutes les histoires de Barbares, Gaulois, Romains, Sarrasins et Ostrogoths de tous poils, voire même Papes d'Avignon ! qui, à leurs époques de « vie chère » ou de « crises du logement », ont demandé fortune, paix et bonheur, à ce pays privilégié.

Enfin, ce pays, il a pour lui « ce qu'Ils n'ont pas en Angleterre » : le soleil ! le beau soleil du **Midi** !

J'aime à croire qu'en bien consultant votre *Mathieu de la Drôme* vous ne choisirez pas pour les « Fêtes du Rhône », la saison des « brouillards de Lyon ».

Dès lors, elles s'épanouiront aux rayons de ce

Monument à Marc Seguin, érigé à Annonay (Ardèche), sa ville natale.
Inauguré le 10 juillet 1923.

(M. Luquet de Saint-Germain, architecte de la Ville. — F. Clémencin, sculpteur.)

soleil qui, lorsqu'il est méchant, cause bien quelquefois ophtalmies et insolations ; mais qui, dans sa bonne humeur habituelle, apporte partout où il brille, la vie et le sourire ; réconforte, réjouit et embellit toutes choses !

Cher soleil de Mistral, d'Aubanel et de Roumanille, qui fait chanter les Félibres et danser les Farandoleurs ! — qui féconde le doux pays des fruits d'or et des roses vermeilles ! dont les plus belles, à cette « Table d'Honneur[1] », charment nos yeux par les leurs, et par l'éclat si varié de leurs pittoresques costumes ! — Costumes n'est-il pas vrai, Mesdemoiselles, qui sont un radieux épanouissement de vos belles soies des Cévennes, auxquelles l'or et l'argent des passementeries de Lyon et de Saint-Étienne ont donné par vos mains encore plus de brillant !

Mais, charmantes roses vermeilles, l'admiration populaire a fait de vous des Reines ! Reines de Lyon, Vienne, Tournon, Tain, Valence, Montélimar, Annonay, Vals-les-Bains, Avignon, Arles et enfin Marseille ! dont la jeune reine a été proclamée « Reine des Reines de France » !

Ah ! certes, les plus heureuses de toutes, celles-là ! car sans royaumes, en République, même en plein Cartel, elles nous maintiennent tous même en dépit de nos âges, n'est-il pas vrai, Monsieur le

[1] Au Banquet officiel, une « Table d'Honneur », brillamment décorée, avait été réservée aux « Reines » des villes représentées, ainsi qu'à leurs nombreuses « Demoiselles d'honneur ».

Président, sous le sceptre magique de leur seule beauté.

Messieurs, la Reine boit ! A sa santé et à celle de ses aimables compagnes, je suis heureux de boire avec vous, comme doyen, hélas ! de ce banquet. Même, au nom de Marc Seguin, lui si grand, mais également si bon, qui aimait tant la beauté, la jeunesse et la vie, je crois pouvoir vous transmettre à tous son vivat d'outre-tombe !

Avec de si beaux atouts en main, que pourrait-il manquer aux « Fêtes du Rhône », pour gagner la partie ?

Seulement une bonne organisation ! Et c'est pour assurer celle-ci que nous devons souhaiter le maintien et en temps opportun l'intervention du « Comité de Tournon et de Tain », qui vient de faire un si heureux début.

Que son triomphe d'aujourd'hui l'encourage à persévérer vaillamment dans son initiative ! Que son exemple entraîne chaque année une des villes, ses charmantes voisines !

Et alors, la France entière dira, Messieurs, que vraiment vous avez fait une grande œuvre, utile à de nombreuses populations, attrayante et instructive pour des foules innombrables ; enfin, une œuvre patriotique ; parce que, en faisant mieux connaître notre France si belle, les Fêtes du Rhône contribueront à la faire mieux aimer ! — En semant de la joie dans l'air, elles feront germer plus de liberté dans les esprits ; plus d'égalité dans les rapports sociaux ; et dans les cœurs plus de fraternité !

Et qui pourra s'en plaindre ! — Ne seront-ils pas tous contents, les braves gens du pays, en voyant leur patelin en fête ; les touristes et automobilistes, en « pédalant » ou en « roulant » pour aller voir du nouveau !... Et enfin, les plus contents, je crois, seront, à bon droit, les « vrais travailleurs »! qui, les bonnes fêtes ayant toujours un lendemain, renouvelleront l'œuvre de Marc Seguin... « en faisant le Pont »... à leur manière !

LE PORTRAIT DE MARC SEGUIN

Par Hippolyte FLANDRIN

ANECDOTE

Pour bien faire connaître la physionomie si caractéristique de Marc Seguin, cette notice donne les reproductions d'un portrait de lui par Hippolyte Flandrin ; et d'un autre gravé par Daniel Némoz.

Cette dernière œuvre, qui est posthume, rappelle le grand homme tel qu'on l'a connu dans sa vieillesse ; avec sa tête au port majestueux, ornée de cette abondante chevelure blanche et hirsute, véritable crinière de lion, qui faisait l'admiration de ses contemporains ; avec sa chemise largement ouverte et au col à peine retenu par une cravate négligemment nouée ; tout l'ensemble respirant une nature puissante, avide d'air et de liberté, exaspérée par l'exiguïté et la rigidité des vêtements modernes.

Au contraire, le portrait peint d'après nature par Hippolyte Flandrin représente Marc Seguin sous un aspect tout différent ; en particulier, sans sa chevelure légendaire.

Cette contradiction a une histoire, que voici :

Le célèbre peintre Hippolyte Flandrin (1809-1864), d'origine lyonnaise, était presque un compatriote

pour la famille Seguin et à Paris il comptait parmi
ses meilleurs amis.

Or, il avait souvent demandé à Mme Marc Seguin
de faire le portrait de son mari dont le type,
admirable comme modèle, avait séduit son imagi-
nation d'artiste ; s'adressant d'ailleurs à elle parce
que vu le besoin d'activité et de mouvement de
son modèle désiré, il prévoyait difficile d'obtenir
directement de lui la résignation nécessaire aux
séances de pose.

La bonne Mme Marc Seguin sut plaider tendrement
sa cause et la gagner. Mais toujours chagrinée qu'elle
était par la tenue habituellement trop négligée de
son cher époux, elle proposa, le jour venu, de com-
mencer par une séance préparatoire chez le coiffeur !

Le « figaro » parisien, croyant avoir affaire à quelque
homme des bois, eut vite fait d'abattre la belle chevelure, espérance d'Hippolyte Flandrin ; puis de bien
peigner à la mode. et pommader ce qu'il en avait
laissé.

Mais, lorsque ainsi transfiguré le pauvre Marc
Seguin fut présenté à H. Flandrin, quelle ne fut pas
la stupéfaction de celui-ci !

Il n'en revenait pas, et il lui fallut quelques
instants de répit pour proférer à son amie : « Mes
compliments vraiment, chère Madame ! Vous
avez joliment tondu Monsieur Seguin !... Heureusement que vous ne lui avez pas, en plus, arraché
les yeux ! »

Et après mûr examen : « Ma foi ! ils suffiront :
Allons-y ! »

Et le grand maître, auteur de nombreux portraits
si célèbres, dont celui de Napoléon III, malheureusement brûlé pendant la Commune, à l'Hôtel de Ville
de Paris, le grand maître fit revivre ces yeux bleus
de Marc Seguin, si lumineux et d'une expression si

profonde, dans cette belle œuvre reproduite aussi bien que possible en tête de ces pages et considérée comme une de ses meilleures.

Œuvre qui, à vrai dire, reproduit mal l'allure légendaire du modèle ; mais qu'on admire avec respect quand on sait qu'elle représente pris sur le vif par un grand artiste un des grands hommes de l'humanité.

Œuvre, enfin, que ne peuvent contempler sans émotion les rares survivants d'un bon vieux temps, aux yeux desquels elle fait revivre dans sa paternelle sérénité le cher grand « grand-père »... surtout, le si bon « cher beau-père ».

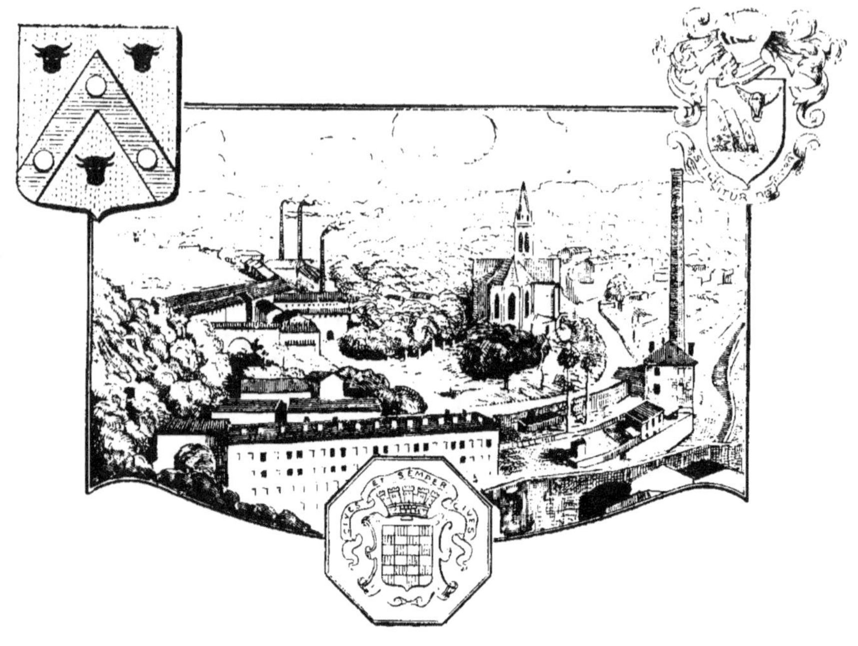

Le beau papier de cet opuscule dit : Vélin crème, filigrané « Aux Armes », a été gracieusement offert par les Anciennes Manufactures Canson et Montgolfier, papeteries fondées au XVIe siècle, à Vidalon-lès-Annonay (Ardèche), auxquelles l'auteur de ces pages adresse ses sincères remerciements.

C'est, de la part de cette Société, un reconnaissant et respectueux hommage à la mémoire de Marc Seguin, qui a joué un rôle important dans l'histoire des Usines de Vidalon, dont il fut même pendant quelque temps, vers 1860, l'unique propriétaire.

Clichés photographiques, non signés, par E. Poix, Lyon.

Photogravure, A. Saboul et Alexandre, Lyon.

ACHEVÉ D'IMPRIMER

LE XXX NOVEMBRE M · CM · XXVI

PAR LA SOCIÉTÉ ANONYME DE L'IMPRIMERIE A. REY

O. THÉODORE, ADMINISTRATEUR DÉLÉGUÉ

RUE GENTIL, 4, A LYON

www.ingramcontent.com/pod-product-compliance
Lightning Source LLC
LaVergne TN
LVHW012014180726
843502LV00005B/1706